DISCOURS

PRONONCÉS SUR LA TOMBE

DE TALMA.

IMPRIMERIE DE VICTOR CABUCHET,
RUE DU BOULOI, N° 4.

DISCOURS

PRONONCÉS

SUR LA TOMBE

DE TALMA,

PAR

MM. JOUY, ARNAULT ET LAFON,

Le 21 Octobre 1826.

PARIS,

A LA LIBRAIRIE MODERNE,

GALERIE VÉRO-DODAT, N° 30.

1826.

DISCOURS
DE M. LAFON,
Artiste-Sociétaire du Théâtre-Français.

« MESSIEURS,

« A la vue de cette multitude immense réunie dans le champ du repos et du deuil, à cette douleur silencieuse et profonde qui se lit sur tous les visages, à ces innombrables regads tristement concentrés autour d'un cercueil et fixés sur la fosse où il va bientôt s'engloutir, un étranger que le hasard amènerait subitement parmi nous, demanderait qu'elle est la victime illustre que la mort vient de s'immoler, et nous lui aurions tout appris en prononçant un mot : *c'est Talma !*

« Ce nom, Messieurs, ce nom consacré pour jamais à l'admiration des amis des arts, devrait terminer l'éloge de notre immortel camarade.

« Que peuvent ajouter les discours à la gloire dont il est couvert? Mais il est des devoirs pieux imposés à l'amitié, à la reconnaissance, à la confraternité : l'hommage rendu à la cendre des morts célèbres est l'acquit d'une dette sacrée, un motif d'émulation pour ceux qui leur survivent, un soulagement à leurs douleurs. Qu'à tous ces titres il soit permis à celui qui s'honore d'avoir été l'ami, le collègue et, sous tant de rapports, le disciple respectueux de Talma, d'élever sa faible voix pour honorer sa mémoire, et de rappeler à vos souvenirs quelques traits de ce talent sublime, modèle à la fois et désespoir de ceux qui se sont dévoués à la même carrière.

« La France vit naître Talma. Les premières années de sa vie, écoulées à Londres dans le sein de sa famille qui y était établie, ont accrédité l'erreur que l'Angleterre fut sa patrie. Non, Messieurs, la ville qui vit naître Lekain, donna aussi la naissance à Talma; la cendre de Talma va reposer auprès de son berceau.

« Les amis de l'art dramatique n'ont rien à envier à l'Angleterre; elle se glorifie de Garrick, et la France prononcera toujours avec orgueil les noms illustres de Lekain et de Talma.

« Comme Lekain, il fut aussi destiné pendant

quelque temps à exercer la modeste profession de son père; comme Lekain, un génie irrésistible l'arracha à l'atelier paternel. Il avait revu la France: bien jeune encore, il avait assisté à la représentation de quelques-uns de ces chefs-d'œuvre dont une éducation soignée lui permettait d'apprécier les beautés: sa vocation se décida; sa place était marquée au Théâtre-Français. Il revit son père, repassa en France, et après des études préparatoires, il obtint la faveur, plus difficilement accordée à cette époque que de nos jours, de débuter à la Comédie-Française.

« Il y parut pour la première fois, il y a trente-neuf ans, par le rôle de Séïde dans *Mahomet*.

« Si son essai fut heureux et donna des espérances qui ne tardèrent pas à être surpassées, Ducis devina et prédit les destinées du jeune élève de Melpomène. Si, comme on n'en peut douter, les encouragemens d'un poète célèbre furent un service immense, Macbeth, Othello, Hamlet, Pharan, sont là pour attester que ce service n'était pas tombé dans une terre ingrate.

« Ce que l'on avait d'abord remarqué dans Talma, c'était l'élégante régularité de la taille et des traits, un organe ferme et vigoureux, un œil ardent et expressif, une grande mobilité de physionomie.

« Mais pour développer avantageusement ces heureuses qualités, il lui fallait une occasion marquante, un rôle extraordinaire. Cette occasion se présenta, ce rôle lui fut donné. C'est en effet de la tragédie de *Charles IX*, que date cette réputation qui devait s'accroître de jour en jour. On n'a pas encore oublié la sensation terrible que Talma produisit dans la scène des fureurs et du désespoir de Charles. Dès lors se trouva vérifiée la prédiction de Ducis : Il y a bien de la fatalité sur ce front-là.

« Par suite d'événemens qu'il est inutile de rappeler, Talma passa sur un autre théâtre.

« Maître absolu et chef du premier emploi de la tragédie, Talma put en liberté donner l'essor à son génie, et perfectionner un talent encouragé par la faveur publique, et varié sans cesse dans des rôles nouveaux.

« Ce fut alors aussi que, pour ajouter à l'illusion déjà produite par l'énergie de son débit et par le jeu de sa physionomie, il s'appliqua à porter dans les costumes la vérité d'imitation qu'il avait introduite dans les autres parties de son art.

« Ni soins, ni recherches, ni dépenses, ne lui coûtèrent pour arriver en ce genre au dernier degré d'exactitude.

« Lié de bonne heure avec les grands artistes de la capitale, il demanda leurs conseils, étudia leurs tableaux, fouilla dans leurs porte-feuilles. On le vit assidu dans les bibliothèques, interroger les monumens des différens âges, et reporter ensuite sur la scène le résultat de ses études laborieuses. Les amateurs, les propriétaires de riches collections, se faisaient un plaisir de lui ouvrir leurs cabinets, de dérouler à ses yeux les trésors qu'ils étaient fiers de posséder exclusivement, et s'applaudissaient ensuite de les voir reproduits au théâtre dans une copie animée, en quelque sorte, par une seconde création.

« Donner l'exemple de la fidélité des costumes, c'était en faire une loi générale. Tout fut réglé à la Comédie-Française sur le modèle de Talma.

« C'est grâce à une innovation qui est son ouvrage, que la scène est devenue une immense galerie où sont étalées successivement, avec toute la sévérité d'une imitation savante, les habitudes extérieures des peuples et des personnages de trente siècles.

« N'attendez pas, Messieurs, que je passe en revue cette série innombrable de rôles que Talma a marqués du cachet ineffaçable de son génie particulier. Que vous dirais-je qui ne soit présent à vos pensées, et qui n'excitât en vous de bien brillans, mais aujourd'hui de bien pénibles souvenirs !

« Il faudrait citer tous les ouvrages de Corneille, de Racine, de Crébillon, de Voltaire, de Ducis, de Chénier, de Legouvé, de tous leurs successeurs aujourd'hui vivans, et que j'aperçois en ce moment groupés autour de cette tombe fatale, mêlant leurs larmes avec les nôtres, et gémissant comme nous sur la perte de leur plus digne interprète. Et où trouverais-je des expressions pour vous rendre sensibles les nuances à la fois délicates et profondes par lesquelles il savait si bien distinguer le fatalisme d'Œdipe de celui d'Oreste, l'amonr adultère de Néron de la passion incestueuse de Pharan, la faiblesse poussée au crime dans Macbeth d'avec le crime poussant la faiblesse de sa complice à l'assassinat d'un époux et d'un roi dans Agamemnon? Qui peut avoir oublié le ton noble, touchant et presque familier avec lequel il jouait Germanicus, et, par un contraste si remarquable, l'âpreté sévère et stoïque de ses accens dans Régulus?

« Mais dans la foule de tous ces rôles dont chacun est un titre de gloire pour Talma, puis-je passer sous silence ces trois grands rôles de Joad, de Sylla, de Charles VI, qui, dans des genres si opposés, ont montré tout ce que peuvent inspirer à un acteur tragique, de grand, de terrible, de pathétique, la religion, l'exercice de la puissance suprême, et une infortune royale comblée par la perte du plus beau présent du ciel, la raison et l'intelligence ?

« Tels furent, vous le savez, Messieurs, les derniers trophées que Talma éleva à la renommée dans sa carrière théâtrale, et c'est sous ces trophées qu'il a été en quelque sorte s'ensevelir.

« Hélas ! cette carrière si longue, et qui aurait absorbé les forces ordinaires de tout autre acteur, combien elle a paru abrégée pour notre instruction et pour nos plaisirs !

« Parvenu à un âge qui nous donne le signal de la retraite, son talent semblait rajeunir à mesure que les années s'accumulaient sur sa tête; et ce qui s'appelle ordinairement la vieillesse n'était encore pour lui que l'époque d'une maturité vigoureuse.

« Disons-le même avec l'accent de cette vérité à laquelle le tombeau ouvre un asile inviolable : ce talent s'était agrandi en se rapprochant du terme où il allait être moissonné. Des défauts que lui-même se reprochait plus rigoureusement que la plus sévère critique ne les lui aurait jamais reprochés, avaient cédé à l'opiniâtreté du travail et aux leçons de sa propre expérience. Sa sensibilité s'était accrue de tout ce qui a coutume de l'émousser et de l'éteindre. Sa déclamation, sans rien perdre de son énergie, avait gagné en variété, en inflexions tendres et touchantes. L'art était d'autant plus admirable, qu'il le cachait sous une noble et naturelle simplicité; il suffit de se le rappeler dans Germanicus, Leycester, Régulus; et pour ne point taire ses succès dans la comédie, les rôles de Danville, de Shakespeare viennent appuyer mes éloges.

« Ceux qui ont assez vécu pour avoir vu les premières et les dernières années de Talma, me comprendront facilement. Deux acteurs ont existé dans ce grand tragédien; tous deux ont été étonnans; le second put seul être plus étonnant que le premier.

« Tu te tais, ombre chérie! Je ne te parle point ici le langage d'une adulation forcée; je répète sur ta cendre l'expression des hommages que tu te plaisais, vivant, à recueillir de la bouche de ton camarade, de ton admirateur, de ton ami.

« Vingt-six ans passés, j'ai partagé avec toi, je ne dirai point ta gloire, mais les épreuves journalières d'un travail que ce partage rendait si périlleux : et toi, enfin, tu encourageas souvent mes essais, tu me soutins par ton amitié contre le danger d'une concurrence que nul ne redoutait autant que moi; j'ai vu plus d'une fois ta généreuse indulgence soutenir ma faiblesse, me départir libéralement les occasions de te seconder, de te suivre, quoique de loin, dans ta carrière glorieuse. Ah! laisse-moi déposer en ce moment sur ton cercueil quelques feuilles de ces lauriers dont tu as fait de si longues, de si riches, de si continuelles moissons !

« C'est la modeste offrande de la reconnaissance et d'une admiration sans bornes. Ombre vénérée et chérie, si tu es encore sensible aux choses d'ici-bas, si, comme il nous est permis de l'espérer, comme je le crois et je l'espère, semblable à cet Achille dont je tentai plus d'une fois avec toi de ressusciter la grande âme, tu n'es pas descendu tout entier au tombeau, reçois cet adieu douloureux et solennel; il part d'une voix qui te fut connue.

« Adieu, Talma; repose en paix dans ces demeures solitaires où l'on croira voir planer ton génie. Adieu, homme bon dans ta vie privée, homme admirable dans ta vie d'artiste.

« N'entends-tu pas tressaillir à ton arrivée les ombres de ces auteurs célèbres par leur propre gloire, plus célèbres encore par l'appui de la tienne? Ces ombres s'empressent au-devant de toi; ne les vois-tu pas détacher de leurs fronts les branches des palmes immortelles qui les couronnent, pour en décorer le tien?

« Et nous, mes chers camarades, le lieu de la sépulture de Talma sera pour nous le sanctuaire auquel nous viendrons demander des oracles et implorer des inspirations.

« Sa mémoire ne périra jamais dans tous les pays du globe où est allumé le feu sacré des arts. Ah! tant qu'il existera un seul d'entre nous qui aura eu l'honneur d'être associé à la gloire dont il couvre la scène française, ce sera un devoir, ce sera un besoin pour lui de visiter ce lieu funèbre, et de venir y puiser des émanations qui échauffent, qui fassent naître les talens; d'y porter un hommage sans cesse renaissant à l'excellent homme qui fut notre ami, et qui sera à jamais notre modèle.

« Adieu, Talma! »

DISCOURS
DE M. ARNAULT,

Ex-Membre de l'Institut.

« Messieurs,

« Si le droit de servir d'interprète à la douleur publique n'était attaché aujourd'hui qu'à la supériorité du talent, ma voix ne se ferait pas entendre dans cette enceinte; mais on a cru que c'était au doyen des auteurs tragiques qu'il convenait d'exprimer, sur le cercueil du plus grand des acteurs tragiques, les regrets de tous les hommes qui apprécient la perte irréparable que vient de faire le premier des arts. J'accepte, en l'absence de l'auteur d'*Agamemnon*, ce douloureux honneur, mais à regret. Le poète qui a fait parler à Talma un langage si sublime, en aurait parlé si dignement!

« C'est moins, au reste, l'acteur que je veux faire connaître ici, que l'homme privé. Depuis cinq mois que Melpomène est menacée d'un éternel veuvage; depuis cinq mois que la mort est restée suspendue sur la tête du moderne Esopus, tout a été dit sur son talent, qui était d'autant mieux apprécié, qu'on se voyait plus près d'en être privé. Mais on a peu parlé de son caractère. Sous ce rapport aussi, qu'il est digne de regrets! qu'il était fait aussi pour être aimé, celui qui s'est tant fait admirer!

« Quarante ans d'une amitié mutuelle m'ont mis à même de connaître à fond cet excellent homme. Ardent et généreux, son cœur était passionné pour le bien, comme son esprit l'était pour le beau; son cœur fut autant que son génie, le foyer d'un talent sublime.

« Il n'y a point d'exagération en ceci. Quoique ce soit un de ses amis qui parle, ce n'est pas en ami qu'il en parle.

« Notre amitié, qui date des premiers temps de la révolution, se forma en dépit d'elle. Je pensais alors que rien ne devait être changé à l'ordre ancien; il pensait, lui, qu'il y fallait tout changer. L'opinion raisonnable était entre ces deux opinions, et c'est à elle que l'expérience et la réflexion devaient nous ramener.

« En attendant le changement qui devait s'opérer dans notre pensée, notre enthousiasme pour un art où nous cherchions chacun une illustration différente, et où il devait trouver la gloire, hâta notre rapprochement. D'ailleurs, nous ne différions pas de sentimens en morale, point sur lequel les âmes honnêtes seront toujours d'accord. Sous ce rapport, nous avons toujours été du même parti; j'eus bientôt occasion de le reconnaître.

« Déplorant les malheurs de la révolution, exécrant ses fureurs, sans néanmoins abjurer ses principes, il ne dissimulait pas son horreur pour les hommes qui firent jaillir tant de mal d'une source d'où il attendait tant de bien. Au milieu de la guerre que se livraient, au nom de la liberté, les oppresseurs de cette liberté, s'attachant au parti qu'il regardait comme le moins incompatible avec l'humanité, il se trouva bientôt en butte à la haine des proscripteurs, contre laquelle il n'eut de protecteur que son talent.

« Le pouvoir dont les plus forts s'étaient armés contre lui, se tourna enfin contre eux-mêmes. Proscrits à leur tour, ils lui demandèrent alors la protection qu'avaient déjà trouvée chez lui, contre eux, les infortunés qu'ils avaient proscrits.

« La porte de sa maison ne se ferma jamais aux supplians; aussi les héros des partis les plus opposés se rencontrèrent-ils plus d'une fois dans ce refuge.

« Les contre-révolutionnaires n'avaient pas été moins malveillans pour Talma que les ultra-révolutionnaires. Après la journée de vendémiaire, qui renversa les espérances des ennemis de la liberté, un d'eux chercha, chez cet ami de la liberté, un abri contre le sort qui, dans les révolutions, menace toujours les vaincus. Depuis quatre mois, à la suite d'une conspiration tramée en prairial, dans un but tout contraire, mais par une fureur toute semblable, se cachait chez Talma un autre ennemi du système de modération auquel les bons esprits commençaient à se rallier. Ces hommes habitèrent quelque temps à l'insu l'un de l'autre sous le même toit, sous le toit de l'homme dont l'un et l'autre avaient également voulu la perte ; ils étaient admis alternativement à sa table. Un jour même, je les vis s'y asseoir ensemble à côté de Talma, qui s'y trouvait entre ses deux ennemis avec lesquels leur infortune l'avait réconcilié, mais qu'elle ne réconcilia pas entre eux. Ces deux hommes, auxquels il pardonnait, loin de suivre son généreux exemple, recommencèrent la guerre dans l'asile ouvert à leur commun danger, et Talma fut obligé de les sauver l'un de l'autre, tout en les sauvant de la vengeance d'un gouvernement qui les poursuivait tous les deux.

« Sa vie est pleine de faits qui, pour être moins piquans, ne sont pas moins honorables. Jamais âme ne fut plus absolument, plus constamment ouverte aux affections généreuses. Jamais on ne sollicita sa pitié en vain. A l'époque où le malheur pesait sur lui comme sur tout le monde, quand il voyait un malheureux il oubliait ses propres besoins pour soulager ceux d'autrui, et, dans sa noble imprévoyance, il prodiguait l'argent que bientôt après il était obligé d'emprunter pour lui-même. Libéral dans le malheur comme dans la prospérité, il n'est pas un bienfait public auquel il n'ait contribué, indépendamment du bien qu'il faisait en secret.

« Facile jusqu'à la faiblesse dans les habitudes de la vie, il n'en était pas moins ferme dans les circonstances extraordinaires. Incapable de transaction en fait d'honneur, c'est dans une conviction intime de bienfaits qu'il trouvait le principe de sa fermeté.

« Aimable par ses qualités, par ses défauts mêmes, pouvait-il n'être pas aimé? Son caractère lui faisait bientôt un ami de l'admirateur que lui avait fait son talent.

« De ce nombre ont été presque tous les hommes qui ont illustré la France à l'époque où elle resplendissait de tant de gloires diverses. A commencer par Mirabeau, qui, le premier, nous fit connaître le pouvoir de l'éloquence tribunitienne; par Dumouriez, qui, le premier, attacha la victoire à notre étendard; par Chénier, qui prouva que, sans suivre servilement la trace des grands maîtres, on pouvait obtenir sur la scène des succès avoués de la raison; par David, qui, tout en rendant à la peinture française une vérité qu'elle avait perdue avec le Sueur, lui a donné une énergie qu'elle n'avait jamais possédée. Il est peu d'orateurs, de guerriers, de poètes et d'artistes célèbres qui n'aient recherché le commerce de cet homme dont l'âme était au niveau des âmes les plus hautes, dont l'intelligence était au niveau des génies les plus sublimes, et qui n'exprimait avec tant de vérité les sentimens les plus élevés, et avec tant de clarté les pensées les plus profondes, que parce que sa nature était en harmonie avec tout ce qu'il y a de parfait.

« L'homme du siècle, qui l'avait connu comme ami avant les jours de sa puissance, s'honora de le conserver comme favori aux jours de sa gloire.

« Hélas! que reste-t-il d'eux et de lui? des cendres qui dorment dans cette enceinte où va dormir la sienne.

« Mais ne lui reste-t-il pas, comme à eux, une réputation immortelle comme notre civilisation?

« Dans un pays où la civilisation est portée à un si haut degré qu'en notre belle France, ce sont des besoins de première nécessité que les plaisirs de l'esprit, parmi lesquels ceux que donne le théâtre tiennent le premier rang. L'homme qui en a étendu la puissance a bien mérité de la patrie. Jouis donc, cher ami, des larmes que ta mort obtient de la plus aimable des nations, très-différentes de celles qui coulent à la mort des grands, mort qui n'afflige pas toujours ceux qui les pleurent; elles sont plus sincères les larmes que nous donnons à la mort de l'homme qui ne nous donna que des plaisirs. Mesurés à ton talent, nos regrets sont sans bornes. Dans la capitale des arts, la mort d'un grand artiste est une calamité publique.

« Puisse-t-il bientôt s'élever le monument qui doit constater la mesure et la durée de ces regrets ! Puisse-t-il bientôt, entre les tombes des héros, à la hauteur desquels tes élans te portaient, et celles des hommes simples au niveau desquels te ramenait la simplicité de tes mœurs, prouver que la génération présente n'est pas ingrate; que la reconnaissance publique n'est pas stérile, et que la France a encore un Panthéon. »

DISCOURS

DE M. E. JOUY,

De l'Académie Française.

« Messieurs,

« Qu'il est grand, qu'il est solennel, le jour où les amis, les parens, les admirateurs d'un homme illustre viennent rendre à la terre sa dépouille! Talma! Ce mot, prononcé en présence de son ombre, semble faire planer au-dessus de nous tous les souvenirs de gloire, de grandeur et d'héroïsme dont sa vie fut environnée.

« Elle est donc pour jamais éteinte la voix sublime dont les derniers accens retentissent encore à nos oreilles! Le voilà couché sur la poussière des tombeaux où va se mêler la sienne, celui qui, pendant quarante ans, chaque soir, excita parmi nous de généreux transports; l'interprète inspiré des plus beaux génies dont s'honore la France; l'homme de bien, de talent et d'esprit dont la perte met à la fois en deuil l'amitié, la patrie et les arts.

« C'est en vain que nous détournons un moment nos regards de cette tombe où vont disparaître les restes d'un grand homme; où nos yeux s'arrêteront-ils dans cette enceinte, sans y retrouver la trace récente des larmes que nous y avons versées? Combien de mausolées autour de nous attestent les pertes irréparables que la France a faites dans ces dernières années! Comme elle s'effeuille cette couronne de lauriers dont elle avait paré sa tête au jour de nos triomphes! Le préjugé social peut établir des distinctions injustes entre des hommes différemment célèbres, aussi long-temps qu'ils vivent; mais à leur mort la patrie les confond dans sa reconnaissance : le guerrier qui versa son sang pour elle, le magistrat qui défendit ses lois, l'homme de lettres qui lui consacra ses veilles, l'artiste qui étendit sa gloire, ont droit aux mêmes honneurs contemporains, et sont recommandés au même titre à la postérité.

« Dans cet asile de la mort, vous n'attendez pas de moi, Messieurs, l'éloge du prodigieux talent dont la nature et l'art avaient doué de concert Joseph-François Talma; je craindrais, dans un pareil moment, de reporter votre pensée vers les heures de plaisir et de fêtes dont il sut embellir notre vie. C'est pour lui qu'il réclame aujourd'hui les regrets et les pleurs qu'il a si souvent arrachés pour de nobles infortunes. Il élève la voix du sein de la tombe, et sa prière est arrivée jusqu'à nous.

« J'ai honoré, dit-il, une profession où, pour « exceller, il faut réunir toutes les qualités du « corps, de l'esprit et du cœur; j'ai cultivé, avec « des succès inconnus jusqu'à moi, celui de tous « les arts qui jette le plus d'agrémens dans la « société, le seul où l'on ait résolu le grand pro- « blême de l'éducation : corriger, amuser et ins- « truire. On a dit de moi ce qu'on a dit de Ta- « cite : *Il a puni le vice quand il l'a représenté.* « Peut-être, ajoutera-t-on, il a récompensé la « vertu quand il l'a reproduite sur la scène. Ce « n'est point sans fruit pour moi-même que j'ai « gravé si profondément dans le cœur et dans « l'esprit de mes contemporains ces maximes de « la raison et de la philosophie sur lesquelles se « fondent la véritable grandeur des rois, la sta- « bilité des états et le bonheur des peuples. J'a- « vais dans le cœur la liberté, la justice et la to- « lérance que j'ai proclamées au théâtre sous « l'inspiration des hommes de génie qui m'ont « avoué pour leur interprète. J'aimais la gloire; « elle était la récompense de mes longs et péni- « bles travaux; mais c'est à la bienfaisance, à la

« faculté de compâtir à toutes les infortunes, au « soin de les soulager autant qu'il était en mon « pouvoir, que j'ai dû les plus douces jouissan- « ces de ma vie; et les bénédictions des pauvres « qui m'accompagnent au cercueil, me flattent « plus que le souvenir des acclamations qui « m'ont suivi dans la carrière brillante que je « viens d'achever. La postérité oubliera peut- « être que je fus grand acteur; mon ombre sera « consolée si la génération à venir se souvient « que je fus un honnête homme et un bon ci- « toyen. »

« Ah! la postérité sera plus juste; elle dira que Talma fut le premier de son siècle et de tous les siècles écoulés jusqu'à lui, dans la peinture des sentimens tendres, violens et profonds; qu'il fut digne, par la grandeur et l'austérité de son génie, d'être comparé à David. Mais c'est surtout la fierté simple et naïve de son caractère que je dois rappeler à ses amis en pleurs; c'est ce dévouement aux idées les plus généreuses, aux sentimens les plus élevés, dont le type était dans son âme, qui constituaient en lui cette beauté idéale qui le fit admirer au monde.

« Il devina plus d'un grand talent, il encouragea plus d'un homme de mérite timide; et sa bienfaisance, la première des vertus chrétiennes, est celle qui parle le plus haut pour lui dans cette enceinte, où la religion d'un

Dieu de paix et de bonté ouvre le ciel aux âmes charitables.

« Non, Talma, ton nom ne périra pas. Il est associé à notre époque, il en porte le caractère et l'empreinte; mais nous, tes amis, moi qui dois tant au prestige de ton art; nous tous, qui sommes en ce moment plus sensibles à ta perte qu'à ta gloire, nous laissons à des voix plus éloquentes, à des cœurs plus froids, le soin d'analyser ton admirable talent : nous n'avons que des pleurs à t'offrir pour hommage; laissons-les couler en silence après t'avoir adressé un éternel adieu.

« Adieu, Talma! Nos regrets s'éteindront avec notre vie, mais le temps n'effacera pas ton souvenir de la mémoire des hommes. »

Avant de rendre à la terre les restes de Talma, des jeunes gens ont voulu aussi mêler leurs voix aux voix amies qu'on venait d'entendre : des improvisations, des vers latins et français, ont été adressés au sublime interprète de Corneille; et, au moment de le quitter pour toujours, ceux qui entouraient ses dépouilles mortelles, ont déposé chacun sur sa tombe une branche de laurier. C'est dans ce moment surtout que la douleur des assistans est devenue générale. M. Davillier n'a pu y résister, et s'est trouvé mal; M. Amédée Talma est tombé sans connaissance au bord de la fosse de son oncle, dont il ne voulait pas s'éloigner. Jamais, durant sa vie, Talma n'avait causé tant d'émotions, ni fait répandre tant de larmes.

Les cendres de Talma sont déposées sur les hauteurs du cimetière, non loin de Molière et de La Fontaine, et près du général Foy, qui fut l'ami de sa personne et l'admirateur de son talent.

FIN.

www.ingramcontent.com/pod-product-compliance
Ingram Content Group UK Ltd.
Pitfield, Milton Keynes, MK11 3LW, UK
UKHW020536230726
13925UKWH00005B/2309